TAO

TE CHING

TAO
TE CHING

Lao Tsé

Introducción
John Baldock

Traducción de la versión en inglés:
Mauricio Pichardo

Grupo Editorial Tomo, S.A. de C.V.,
Nicolás San Juan 1043,
03100, México, D.F.

1a. edición, mayo 2012.

Tao Te Ching
Lao Tsé
Copyright © 2010 Arcturus Publishing Limited
26/27 Bickels Yard, 151-153 Bermondsey Street,
London SE1 3HA

© 2012, Grupo Editorial Tomo, S.A. de C.V.
Nicolás San Juan 1043, Col. Del Valle
03100 México, D.F.
Tels. 5575-6615, 5575-8701 y 5575-0186
Fax. 5575-6695
http://www.grupotomo.com.mx
ISBN-13: 978-607-415-384-2
Miembro de la Cámara Nacional
de la Industria Editorial No. 2961

Traducción: Mauricio Pichardo
Diseño de portada: Karla Silva
Formación Tipográfica: Armando Hernández R.
Supervisor de producción: Leonardo Figueroa

Este libro se publicó conforme al contrato establecido entre
Arcturus Publishing Limited y *Grupo Editorial Tomo, S.A. de C.V.*

Impreso en México - *Printed in Mexico*

Contenido

Introducción

El *Tao Te Ching* no es sólo el libro clásico más influyente de la filosofía china, sino también uno de los ejemplos más leídos de lo que podría denominarse la "literatura de la sabiduría".

Según la tradición, el *Tao Te Ching* fue escrito en el siglo VI a.C. por el sabio taoísta Lao Tsé (Lao Tzu), contemporáneo de Confucio (K'ung Fu-tzu, 551-479 a.C.). No obstante, el análisis del vocabulario del texto, y el estilo sugieren que el escrito se originó a finales del siglo IV a.C. o principios del III a.C. Existen varias versiones antiguas del texto, pero la más antigua fue descubierta en 1993 en una tumba cerca de la ciudad de Guodian, en la Provincia de Hubei. El texto fue escrito en tablillas de bambú —un material común en la antigua China— alrededor del año 300 a.C. Originalmente se le conoció como el *Lao tzu*, pero durante el periodo Han (siglo I a.C. al siglo I d.C.) se le conoció con su nombre actual: *Tao Te Ching*, el cual se derivó de la división tradicional de los 81 versículos en dos secciones. La primera (versículos 1 al 37) comienza con la explicación de la enigmática naturaleza del Tao (o como suele traducirse "el Camino"); mientras que la segunda (versículos 38 al 81) se abre con la explicación de la naturaleza del *Te* (traducido en ocasiones como: "virtud", "poder", "cualidad" o "el bien"). La tercera palabra, llamada *Ching* significa "clásico", y por lo tanto *Tao Te Ching* se traduce como "El (libro) clásico del Camino y la Virtud".

A pesar de que el *Tao Te Ching* es de particular importancia para la escuela taoísta de filosofía china, así como para la religión taoísta y para el Budismo chino, su traducción a cientos de idiomas lo ha hecho accesible a un público a nivel mundial. El texto original se compone de 5000 caracteres chinos aproximadamente —muchos de los cuales poseen múltiples significados— y fue escrito en un estilo críptico. Si tomamos en cuenta también las diferencias entre el pensamiento chino y el pensamiento occidental, y la gran brecha temporal entre la época en que el texto fue escrito y la época actual, podemos valorar las dificultades a las que se enfrentan los traductores en su esfuerzo por ofrecer una traducción efectiva del *Tao Te Ching*, que sea accesible al público occidental moderno. A pesar de dichas dificultades, existen decenas de traducciones editadas en lenguas occidentales, además de las que existen en línea. No obstante, una simple comparación de dos o más versiones, revelan el amplio rango de diferencias en interpretaciones, adoptado por cada traductor. Pero esto no resulta sorprendente, dada la enigmática naturaleza del *Tao* mismo, y el propio estilo ambiguo del *Tao Te Ching*.

John H. McDonald, el autor de la traducción inglesa del chino, y de la cual se hizo al español, ha consultado una serie de versiones diferentes del texto, con la intención de encontrar un consenso entre ellas y producir una traducción definitiva de este clásico de la China antigua.

La mayoría de las traducciones fueron hechas exclusivamente en un sentido masculino, pero McDonald la cambia con un sentido femenino porque un Maestro es lo menos inclinada hacia un género, como se nota en el siguiente verso:

Conoce lo masculino
conserva lo femenino
conviértele en el arroyo del mundo.
(Capítulo 28)

LAO TSÉ
Lo poco que sabemos de Lao Tsé proviene del *Shi Chi* (Registros del Historiador), compilados hacia principios del siglo I a.C.

por el historiador Ssu-ma Chien (145 – 85 a.C.) del periodo Han.

El nombre Lao Tsé es actualmente un título honorífico cuyo significado es "Viejo Maestro". Según Ssu-ma Chien, su verdadero nombre era Li Er Tan. Nació en la aldea de Chu Jen, en el estado de Ch'u, y trabajaba archivando documentos en la corte de la dinastía Chou. Ssu-ma Ch'ien registra dos eventos de su vida:

El primero es la visita llevada a cabo por Confucio, quien pide a Lao Tsé ser su tutor en los ritos de la tradición. Lao Tsé responde con palabras que expresan algunos de los temas centrales del *Tao Te Ching*, diciendo: "Aquellos de los que hablas se han convertido en polvo. Todo lo que permanece de ellos son sus palabras. Cuando un noble vive en buenos tiempos, visita la corte en carruaje. Pero cuando los tiempos son difíciles, se dirige a donde sopla el viento. Algunas personas dicen que un sabio mercader oculta su riqueza y así semeja ser pobre. De igual manera el sabio: si posee una gran virtud interior, tiene la apariencia de un tonto. Deja de ser tan arrogante con todas tus preguntas, con tu importancia personal y con tus obsesiones despóticas. Nada de esto es tu verdadera esencia. Eso es todo lo que tengo que decirte."

Cuando Confucio regresa con sus discípulos, describe su encuentro con Lao Tsé de esta manera: "Sé que los pájaros vuelan, que los peces nadan y los animales corren. Las criaturas que corren pueden ser atrapadas; aquellas que nadan pueden pescarse en redes; aquellas que vuelan pueden derribarse. Pero lo que se podría hacer con un dragón, lo ignoro. Vuela sobre las nubes y el viento. Hoy conocí a Lao Tsé, y es como el dragón."

El segundo evento registrado por Ssu-ma Ch'ien es el viaje final de Lao Tsé. Desesperado por la decadencia del reino, y por el deseo obsesivo de la gente por las posesiones y la posición económica, Lao Tsé monta un búfalo de agua para viajar al Oeste. (Según ciertas tradiciones, se retiraba del mundo para volverse eremita, pero la historia asume un significado distinto si consideramos que en la mitología china "el Oeste" es la tierra del más allá de la muerte.) Al llegar a la puerta al oeste del imperio, en el pasaje de montaña en Hang-ku, es reconocido como un sabio por Kuan Yin, el guardián del pasaje, el cual pide a Lao Tsé que escriba su conocimiento del Tao antes de retirarse del mundo. Lao Tsé debidamente le hace el favor y, según la tradición, escribe el libro en una noche. Al día siguiente el sabio presenta el libro a Kuan Yin, arguyendo: "Este libro no es diferente a otros, puesto que es una cosa muerta, sin embargo, puedes darle vida si pones en práctica lo que en él está escrito." Con ello, Lao Tsé monta su búfalo de agua y parte hacia el Oeste, para nunca volver a ser visto.

Actualmente muchos estudiosos cuestionan abiertamente que el autor del *Tao Te Ching* fuese un individuo conocido como Lao Tsé, el "Viejo Maestro", al igual que se cuestiona su existencia histórica. En su lugar, se sugiere que el texto posee una naturaleza de antología de proverbios recopilados durante un largo periodo de tiempo antes de tomar su forma actual. No obstante, lo que se encuentra más allá de todo cuestionamiento es la profunda naturaleza de la sabiduría universal contenida en este influyente trabajo acerca del Tao.

EL TAO TE CHING

El *Tao Te Ching* trata esencialmente sobre el Tao, pero una serie de temas relacionados son recurrentes a lo largo del texto.

El más significativo de ellos es el Sabio o Maestro, el gobernante y su gobierno, y la No-Acción (*wu-wei*).

EL TAO

La palabra china *Tao* se traduce generalmente como "el Camino", implicando

que se refiere a un camino espiritual o sendero. De igual forma posee un significado mucho más amplio y enigmático que éste. Las primeras líneas del *Tao Te Ching* comienzan así:

> *El Tao del que puede hablarse*
> *no es el Tao Eterno.*
> *El nombre que puede decirse*
> *no es el Nombre Eterno. (1)*

El Tao Te Ching continúa diciéndonos que el Tao no sólo "parece anterior al Soberano del Cielo" (4), que es "intangible y brumoso" (21) y por lo tanto está más allá de toda comprensión racional. "Puede llamarse la Madre de los mundos." (25). "Completa y nutre a todas las cosas" (41) "Su nombre se ha preservado, a través de los tiempos, para recordar que es el origen de todos los seres." (21). El Tao denota el Camino supremo, de la realidad absoluta, —de la realidad "tal cual como es", más allá de todos

nuestros conceptos, opiniones y del entendimiento racional—. "Si lo miran, no pueden ver nada. Si lo escuchan no pueden oír nada." (35). También asegura que "el mundo no puede comprenderlo" (62) ya que escapa a nuestra comprensión ordinaria. De igual forma escribe el *Tao Te Ching*: "El conocimiento prematuro no es más que la ilusión del Tao, y principio de toda necedad." (38).

Si deseamos acumular conocimiento para comprender el Tao, se nos advierte que no lo lograremos, ya que entre "más se sabe menos se comprende" y "cuanto más lejos se va menos se conoce" (47). En cambio se nos alienta a seguir el camino del Maestro, el cual "no desea nada. Sabe cada día menos." (64)

EL SABIO O MAESTRO

El sabio o Maestro es aquel que, habiéndose vaciado a sí mismo de conceptos y opiniones "está en armonía con el Tao, (y) es como un recién nacido." (55), el cual a su vez ha "alcanzado la unidad con el todo" (39) y ya no posee un "Yo" (13). Ello significa que ha alcanzado un estado de conciencia el cual es muy diferente al estado ordinario que experimentamos, ya que "el Maestro no tiene mente propia." (49). Su conciencia se encuentra en unidad con el Tao, y se encuentra "libre de deseos". (34), por lo tanto el Maestro no es dominado por los deseos y antojos de su ego: "Libre del deseo has de contemplar el oculto misterio, presa del deseo sólo has de ver su reflejo." (1). De igual forma admite abiertamente: "Soy distinto a los demás hombres. La Gran Madre me nutre." (20).

> Al encontrar a la Madre,
> Podemos saber cómo serán sus hijos.
> Al comprender que somos hijos de la
>   Gran Madre,
> comenzamos a mantener sus cualidades
>   en nosotros. (52)

Ya que el Maestro posee cualidades o virtudes del Tao, encontramos en el *Tao Te Ching* un empleo de expresiones similares para ambos como: "leño sin desbastar" refiriéndose al Ser Primigenio, como madera virgen que no ha sido modificada ni tallada, e "incólume como un tronco" (15); "el Tao no actúa" forzando las cosas, y el Maestro "evita el uso de la violencia". (60); "El Tao del Cielo vence sin luchar" y "el Tao del Hombre Sabio actúa sin competencia" (81).

EL GOBERNANTE Y SU GOBIERNO

El historiador Ssu-ma Ch'ien relaciona la partida de Lao Tsé al Oeste a un periodo de decadencia. No obstante, como hemos mencionado, la fecha tradicionalmente aceptada del siglo VI a.C. para la escritura del *Tao Te Ching* difiere del punto de vista académico, el cual la sitúa mucho después, a finales del siglo IV a.C. o principios del III a.C. durante el bien llamado Periodo de los Reinos Combatientes (480-222 a.C.)

—periodo en el cual los líderes militares buscaron anexar reinos más pequeños en la etapa decadente de la dinastía Chou. De manera significativa, ambas fechas señalan que el *Tao Te Ching* fue escrito en un periodo de decadencia política y moral —un contexto adecuado para dirigirse a aquellos que gobiernan o desean gobernar.

Según el libro, "el mejor gobernante es aquel cuya existencia no es percibida por el pueblo." (17), "se torna siervo de su propio pueblo" (68) ya que "sólo el más bajo sirviente del Imperio, es digno de gobernarlo." (78) El buen gobierno no es "represivo" y por lo tanto permite que su pueblo se sienta "cómodo y pleno" (58). No interfiere en la vida del pueblo innecesariamente:

> *Gobernar un gran país,*
> *es como freír el pescado.*
> *Atizar mucho el fuego lo estropea. (60)*

Los sabios gobernantes son aquellos que "siguen el camino del Tao." (37) ya que "si un solo gobernante pudiera seguirlo, los infinitos seres le rendirían tributo" (32).

LA NO-ACCIÓN O *WU-WEI*

El *Tao Te Ching* nos dice: "Las palabras verdaderas parecen significar lo contrario." (78)

Uno de los principios es el llamado No-Acción, o *Wu-wei*, por ejemplo:

> *Actúa sin actuar,*
> *Haz sin hacer. (63)*

O también:

> *El Maestro...logra mucho sin*
> *   actuar. (47)*

Al dominar al ego, o al "Yo", en lugar de ser dominado por este, el Maestro se libera de la necesidad de actuar conforme al deseo o al interés personal, y de esta forma se vuelve un vehículo vacío para el Tao. En este estado liberado del "ser" más que del "hacer", el Maestro goza de la libertad última —"la libertad de no-elección"— ya que no realiza acción alguna; es el Tao el que realiza las cosas a través de él.

> *Practicando la no-acción*
> *   reinará la armonía del mundo. (3)*

El *Tao Te Ching* fue escrito hace dos mil quinientos años. En muchos aspectos, el mundo es un lugar muy diferente debido a los avances de la ciencia y la tecnología, el transporte y la comunicación, y el surgimiento de la economía global. No obstante, en otros, el mundo es bastante similar al Periodo de los Reinos Combatientes, ya que continuamos teniendo guerras, persiguiendo el poder y el status social, y seguimos obsesionados con la adquisición de bienes y riquezas. A ese respecto, la sabiduría atemporal que yace en el centro del *Tao Te Ching* es tan relevante hoy en día, como lo era hace dos mil quinientos años.

> *Procura la simplicidad*
> *Coloca a los otros primero.*
> *Modera los deseos. (19)*

> *Se puede conocer el mundo*
> *sin salir de la propia casa.*
> *Se puede ver el Tao del Cielo*
> *sin mirar por la ventana. (47)*

JOHN BALDOCK.

13

1

El Tao del que puede hablarse
no es el Tao Eterno.
El nombre que puede decirse
no es el Nombre Eterno.

Sin-nombre es el principio del cielo
    y la tierra
con nombre es la madre de los diez mil seres.

Libre del deseo has de contemplar el oculto
    misterio,
presa del deseo sólo has de ver su reflejo.

Misterio y realidad, con diferentes nombres
brotan juntos de la misma fuente.
Esa fuente es llamada oscuridad.

Oscuridad de oscuridades,
misterio de los misterios,
es la puerta misma de toda maravilla.

2

Contempla el hombre algo como bello,
y la fealdad se crea.
Contempla el hombre algo como bueno,
y la maldad se crea.

Ser y no-ser se producen mutuamente,
lo difícil y lo fácil entre sí se crean,
lo largo y lo corto se definen mutuamente,
lo alto y lo bajo entre sí se inventan.
Antes y después se suceden uno al otro,
voz y sonido entre sí son armonía.

Por ello el Maestro actúa sin acción,
enseña sin palabra.
Los diez mil seres surgen y él deja que vengan,
los diez mil seres parten y él no los detiene.
Posee sin poseer,
actúa sin esperar nada.
Concluida su obra, no se la atribuye,
no reclama mérito y su obra es imperecedera.

3

Si no se elogia a los hombres de mérito,
no se creará rivalidad.
Si no se sobrevalora ningún objeto,
la gente no robará.

No muestres lo que despierte codicia,
y los corazones permanecerán en calma.

Por ello el Maestro guía,
vaciando la mente del pueblo,
llenando a todos su vientre,
debilitando sus ambiciones,
y fortaleciendo sus huesos.
De este modo procura
que no conozca nada el pueblo,
y que carezca de deseos.
De este modo evita
que actúen los hombres de inteligencia.

Practicando la no-acción
reinará la armonía del mundo.

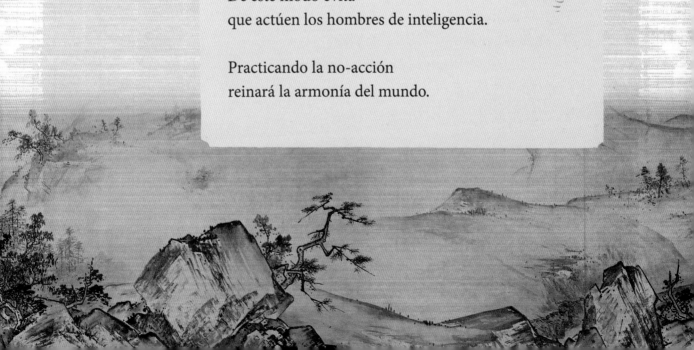

4

El Tao es un pozo vacío,
jamás se llena, jamás se termina.
Abismo insondable, origen de todos los seres.
Suaviza todo filo.
Deshace todo nudo.
Matiza toda luz.
Une todas las formas en polvo

Oculto en lo profundo, está siempre presente.
No sé yo de quién es hijo.
Parece anterior al Soberano del Cielo.

5

El Cielo y la Tierra son imparciales,
tratan a los seres como perros de paja.
El Maestro no toma partido,
trata a los hombres como perros de paja.

El espacio entre Cielo y Tierra pareciera un fuelle,
vacío, inagotable
sin perder su fuerza.
Cuanto más se mueve, más es lo que produce,
Cuanto más se aprende de él, menos se le
    comprende.

Es mejor mantener el interior vacío,
y no hablar de lo que no se entiende.

6

El espíritu vacío es la maravilla eterna,
es llamado la Misteriosa Hembra,
madre que engendra al Cielo y a la Tierra.

Apenas puede percibirse,
está siempre presente,
actúa con eficacia sin agotarse nunca.

7

Cielo y Tierra son eternos,
pues no viven para sí,
y logran por ello ser imperecederos.

De ahí que el Maestro permanezca detrás,
retrocediendo se coloca al frente.
Se desprende de sí mismo, y por ello se conserva.
Es por desapego propio
que logra realizarse.

8

La bondad suprema es como el agua,
beneficia a todos, sin tener conflicto.
Permanece en los lugares que todos desprecian,
por ello está más cerca del Tao.

El Maestro elige un buen lugar como vivienda.
Su mente es calma, profunda en entendimiento.
Ayuda a los hombres con total desapego.
En su palabra hay sinceridad absoluta.
Al gobernar se mantiene íntegro.
Sus labores son buenas, llenas de su mayor logro.
Para actuar, conoce el momento preciso.

Mientras no haya lucha, ni competencia alguna,
reinará la calma entre todos los seres.

9

Más fácil es llevar un cuenco vacío
que uno lleno hasta los bordes.

El cuchillo de mayor filo
más pronto se desgasta.
Una sala llena de oro y jade
no puede cuidarse mucho tiempo.
La soberbia y el orgullo del hombre
acarrean su propia desgracia.

Retirarse una vez concluida la obra,
es el Sendero del Cielo.

10

¿Puedes abrazar tu cuerpo y alma
hasta volverte uno con la unidad suprema?
¿Puedes dominar tu aliento
y ser tan blando como el recién nacido?
¿Puedes pulir el espejo de tu mente
hasta dejarlo puro?
¿Puedes amar y guiar a los hombres
sin imponer tu voluntad sobre ellos?
¿Puedes contemplar en calma
el abrir y cerrar de las puertas del cielo?
¿Puedes comprender todas las cosas
y dar un paso atrás de tu entendimiento?

Engendrar y nutrir.
Crear sin poseer.
Dar sin esperar nada.
Crecer, sin controlar.
Esta es la Misteriosa Virtud.

11

Son treinta los rayos que convergen en el centro de
   la rueda,
pero es el vacío entre ellos lo que le da utilidad al
   carro.

Las vasijas se hacen modelando la arcilla,
pero es su vacío lo que las hace útiles.

Se construye una choza a partir de la madera,
pero es su vacío interior lo que la hace habitable.

Así, mientras que el Ser tiene ventajas,
es el No-Ser el que brinda utilidad.

12

Los cinco colores ciegan la vista.
Las cinco notas ensordecen el oído.
Los cinco sabores pierden el gusto.
Demasiada actividad altera la mente.
Demasiada riqueza provoca el crimen.
Cuando el Maestro gobierna,
cuida del vientre y no del ojo.
Prefiere a uno; rechaza al otro.

13

Éxito y desgracia son ambos peligrosos.
Estimar el propio Yo es estimar la deshonra.

¿Qué quiere decir que sean ambos peligrosos?
Obtener el éxito crea un sobresalto en el alma,
al igual que crea inquietud al momento de
    perderlo.
¿Qué significa que estimar el propio Yo sea estimar
    la deshonra?
La razón de la deshonra
es poseer un Yo.
Si no tuvieras un Yo
no sería posible tu deshonra.

Ama al mundo entero como a tu propio Yo,
y podrás cuidar de todo lo existente.

14

Míralo, y no podrás verlo,
su nombre es Sin-forma.
Escúchalo, y no podrás oírlo,
su nombre es Inaudible.
Tómalo, y no podrás asirlo,
su nombre es Incorpóreo.
Los tres son inconcebibles,
los tres se funden en uno.

En lo alto no es brillante,
en lo bajo no es oscuro.
Infinito, impronunciable,
retorna siempre a la nada.
Forma sin ninguna forma,
imagen sin ninguna imagen,
sutileza oculta a todo entendimiento.

Te acercas y no ves dónde comienza,
lo sigues y no ves dónde termina.
Al asir el Tao de tiempos antiguos,
podemos dirigir la vida del presente.
Conocer el origen ancestral del Tao
es el comienzo de la sabiduría.

15

Los sabios antiguos eran profundos,
sutiles y llenos de misterio.
Puesto que su conocimiento era por mucho superior
no se los podía conocer.
Describirlos no es posible,
acaso por su apariencia, vagamente.

Cautelosos,
como quien cruza un río en el invierno,
alertas como si los rodease el enemigo,
corteses como un huésped,
fluidos como el hielo derritiéndose,
incólumes como un tronco,
receptivos como un valle,
turbios como un río cenagoso.

¿Quién permanece tranquilo
hasta que se asiente su fango
y se aclare el agua?
¿Puedes tú permanecer sereno
hasta que todo se calme por sí mismo?

El Maestro no busca satisfacción alguna,
por ello es que puede renovarse,
soltando lo viejo.

16

Alcanzar la vacuidad suprema.
Abrazar la quietud interior.
Contemplar la infinidad de seres,
y su retorno a la fuente.

Infinita profusión de seres,
que vuelven a la raíz.
El retorno al origen es eterno.

El retorno a la fuente es la quietud.
Es la natural permanencia.
Conocer lo eterno es tener visión profunda.
No conocer lo eterno es hallar la desgracia
actuando ciegamente.
Conocer lo eterno es aceptar el mundo,
es tener profunda tolerancia.
Ser tolerante es ser imparcial como el Cielo,
es ser uno con el Cielo,
es ser uno con el Tao.
Ser uno con el Tao
es no temer la muerte.
La forma muere,
el Tao es eterno.

17

El mejor gobernante es aquel
cuya existencia no es percibida por el pueblo.
Peor es un gobernante amado,
peor aún es uno temido.
El peor gobernante es el despreciado.

Si desconfía de la gente,
ella desconfiará de él.
El mejor gobernante es un hombre de palabra.

El Maestro actúa y pasa inadvertido,
no dice palabra alguna.
Al concluir su tarea
toda la gente dice:
"¡Lo hemos logrado solos!"

18

Cuando se abandona el Tao,
la caridad y la justicia aparecen.
Al surgir la inteligencia,
la hipocresía aparece.

Cuando se pierde la armonía en la familia,
surge la piedad filial.

Cuando el caos reina en el país,
aparecen los ministros fieles.

19

Por ello olvida la sabiduría,
olvida toda inteligencia
y los hombres serán beneficiados cien veces.
Aparta la caridad,
aparta la justicia
y los hombres retornarán a la piedad filial.

Elimínese la industria, elimínese la codicia,
y la gente cesará de robar.

Estas tres normas
no son suficientes.

Procura la simplicidad.
Coloca a los otros primero.
Modera los deseos.

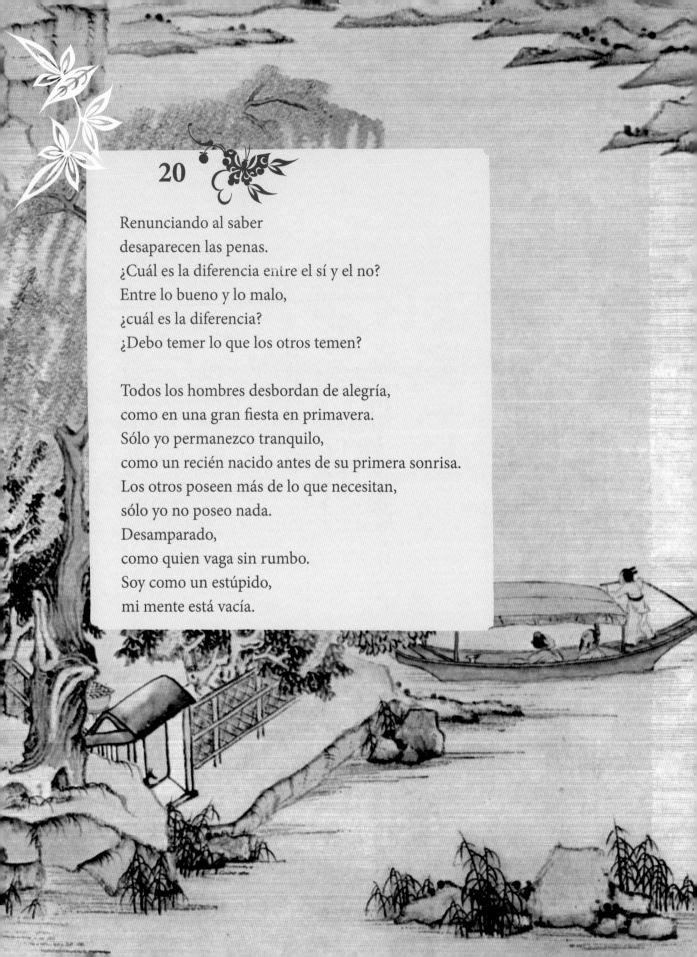

20

Renunciando al saber
desaparecen las penas.
¿Cuál es la diferencia entre el sí y el no?
Entre lo bueno y lo malo,
¿cuál es la diferencia?
¿Debo temer lo que los otros temen?

Todos los hombres desbordan de alegría,
como en una gran fiesta en primavera.
Sólo yo permanezco tranquilo,
como un recién nacido antes de su primera sonrisa.
Los otros poseen más de lo que necesitan,
sólo yo no poseo nada.
Desamparado,
como quien vaga sin rumbo.
Soy como un estúpido,
mi mente está vacía.

Todos los demás hombres brillan,
sólo yo soy oscuro.
Los otros distinguen con la mente clara,
sólo yo de mi estupor no salgo,
sólo yo soy callado y torpe,
sólo yo todo lo ignoro.
Navego indistinto en las olas del océano,
a merced del viento, sin ningún destino.

Soy distinto a los demás hombres.
La Gran Madre me nutre.

21

La mayor virtud es seguir
únicamente al Tao,
el cual toma forma intangible y brumosa.

Aun siendo intangible y brumoso,
contiene toda forma.
Aun siendo intangible y brumoso,
contiene todas las cosas.
Oscuro y profundo,
contiene la Esencia.
Esencia Verdadera,
en ella está la certeza.

Su nombre se ha preservado,
a través de los tiempos,
para recordar que es el origen de todos los seres.
¿Cómo sé que es el origen de todos los seres?
Miro en mi interior y lo veo.

22

Si quieres ser un todo,
acepta estar roto.
Si quieres ser recto,
acepta estar torcido.
Si quieres ser pleno,
déjate vaciar primero.
Si quieres renovarte,
déjate morir primero.
Lo poco se logra,
lo mucho se extravía.

Si deseas tenerlo todo,
abandona todo primero.
Por ello el Maestro abraza el Uno,
y es un ejemplo para todos los seres.
No se vanagloria y por eso brilla.
No se centra en sí mismo y por eso está delante.

Porque no se glorifica a sí mismo,
se transforma en una persona meritoria.
Porque no desea nada del mundo,
el mundo no la abruma.
Cuando los antiguos maestros dijeron:
"Si quieres ser un todo,
acepta estar roto",
no usaban palabras huecas.
Todo el que realice esto será completo.

23

Lo natural es hablar poco.
Un vendaval dura sólo una mañana,
una tormenta no dura más de un día.

¿Por qué los hombres se esfuerzan sin fin
para alcanzar tan poco,
si la naturaleza hace tanto en tan poco tiempo?
Si obras según el Tao,
el Tao será Uno contigo.
Si te abres a la Virtud,
la Virtud se te unirá.
Si cortejas la Pérdida,
perderás la Senda del Tao.

Si te abres al Tao,
el Tao te dará la bienvenida impaciente.
Si te abres a la virtud,
la virtud será parte de ti.
Si te abres a la pérdida,
la pérdida se alegrará de verte.

Cuando no confíes en la gente,
la gente será de poco fiar.

24

Aquellos que caminan de puntillas,
no pisan firme.
Aquellos que se adelantan con prisa,
no llegan muy lejos.
Aquellos que quieren opacar a los otros,
apagan su propia luz.
Aquellos que se hacen llamar honrados,
no saben cuánto se equivocan.
Aquellos que se jactan de sus logros,
sólo destruyen su mérito.

En el Camino del Tao,
todos estos son actos indeseables,
como alimento podrido.
Los hombres los detestan.
Siguiendo al Tao,
actuar así es imposible.

25

Existe algo caótico y perfecto.
anterior a Cielo y Tierra.
Permanece único y vacío,
quieto e inmutable.
Siempre está presente,
y es ilimitado.
Puede llamarse la Madre de los mundos.
No conozco su nombre,
lo han llamado Tao.
Forzado a darle un nombre,
lo llamo "inmensidad".

Inmensidad que está en todas partes.
Ubicuidad que es eterna.
Eternidad a la que retornan las cosas.

Tao es inmensidad.
Cielo es inmensidad.
Tierra es inmensidad.
Humanidad es inmensidad.
Dentro del Universo estas son
las cuatro grandes existencias.

La humanidad sigue a la Tierra.
La Tierra sigue al Cielo.
El Cielo sigue al Tao.
El Tao se sigue a sí mismo.

26

Lo pesado es la base de toda ligereza.
La quietud domina la actividad.

Así el Maestro viaja todo el día
sin abandonar su vagón.
Incluso si tuviera mucho por contemplar,
se encuentra en paz en su indiferencia.

¿Por qué debería el señor de mil carrozas
distraerse con la estupidez del mundo?
Si te abandonas a la estupidez,
olvidarás tus orígenes.
Si te permites la distracción,
perderás el sustento de tu poder.

27

Un buen viajero no deja huella.
Un hábil orador no comete errores.
Un buen contador no utiliza el ábaco.
El que sabe cerrar no echa cerrojo
y nadie puede abrir lo que él cierra.
Un buen nudo no precisa de cuerda
y no puede desatarse con nada.

De esta forma el Maestro desea ayudar a todos,
y no conoce el rechazo.
Su labor es socorrer a todos los seres.
No abandona a la criatura más diminuta.
A esto se le llama abrazar la luz.

Quien es bueno es maestro de los hombres buenos.
Quien no es bueno es un espejo de los hombres
    buenos.
El que no honra a su maestro,
ni aprecia lo que es un espejo,
se verá extraviado sin importar su inteligencia.
Esto es la esencia del misterio.

28

Conoce lo masculino,
Conserva lo femenino.
Conviértete en arroyo del mundo.
Al abrazar al mundo,
el Tao no te abandona,
como a un niño pequeño.

Conoce el blanco,
Conserva el negro:
sé un modelo para el mundo.
El Tao dentro de ti será fuerte.
Retornarás a lo ilimitado.

Conoce el honor,
mantente en la deshonra.
Abraza el mundo tal cual es.
Si abrazas compasivo el mundo,
volverás a tu Ser Primigenio.

Los utensilios provienen del vacío
que se talla en la madera del leño.
El Maestro usa los utensilios,
pero prefiere mantener el leño.
El gran gobierno no divide en partes.

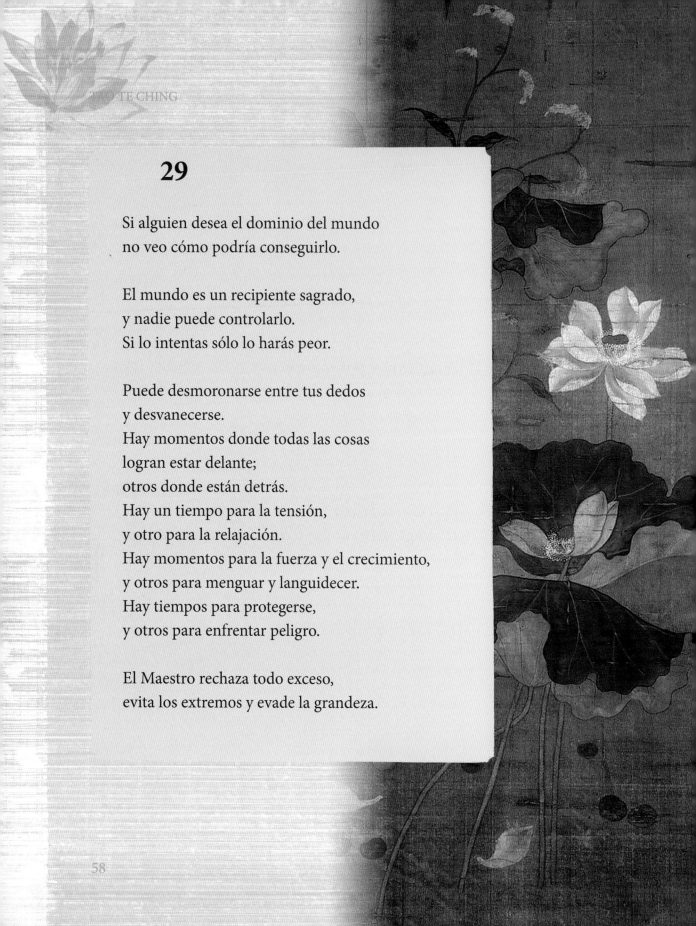

29

Si alguien desea el dominio del mundo
no veo cómo podría conseguirlo.

El mundo es un recipiente sagrado,
y nadie puede controlarlo.
Si lo intentas sólo lo harás peor.

Puede desmoronarse entre tus dedos
y desvanecerse.
Hay momentos donde todas las cosas
logran estar delante;
otros donde están detrás.
Hay un tiempo para la tensión,
y otro para la relajación.
Hay momentos para la fuerza y el crecimiento,
y otros para menguar y languidecer.
Hay tiempos para protegerse,
y otros para enfrentar peligro.

El Maestro rechaza todo exceso,
evita los extremos y evade la grandeza.

30

Aquellos que gobiernan siguiendo al Tao,
no utilizan las armas para imponer su voluntad.
La violencia se vuelve contra los que la emplean.

En los lugares donde marchan ejércitos,
sólo crecen zarzas y espinas.
A la guerra le siguen siempre
largos años de miseria.
Por ello el buen gobernante,
asesta un golpe certero y se detiene.
La victoria sobre un enemigo de guerra,
no es motivo de gran orgullo.
Al terminar la batalla,
la arrogancia es el nuevo enemigo.
La guerra resulta cuando no existe otra vía,
por lo cual quien deba vencer al enemigo
no deberá dominarlo.
Los hombres vigorosos,
languidecen con el tiempo.

Este no es el camino del Tao.
Aquellos que no siguen al Tao
perecen rápidamente.

31

Las armas sólo presagian desgracias,
todos los seres las detestan.

Por ello quien sigue al Tao no las toca.
El sabio valora el lado izquierdo,
y en tiempos de guerra valora el derecho.
Sólo como último recurso
el sabio empleará las armas.
Si la paz es su objetivo
¿cómo puede hallar placer en la guerra?
Aquellos que disfrutan de la guerra,
disfrutan la masacre de la humanidad.
El que halla placer en la masacre
jamás prosperará en este mundo.

El puesto de honor en ocasiones festivas,
es el lado derecho.
El puesto de honor en ocasiones funerarias,
es el lado izquierdo.
Esto muestra que la guerra,
se compara a un servicio funerario.
La muerte de muchos debe recibirse con gran
   pena.
Celebrar la victoria de la guerra
debe ser un ritual funerario.

32

El Tao es innombrable,
inmutable.
Parece ser nada,
y nada puede contenerlo.

Si un solo gobernante pudiera seguirlo,
los infinitos seres le rendirían tributo.
Cielo y Tierra serían entre sí armonía,
y desprenderían un dulce rocío.
Los hombres no necesitarían leyes,
pues estarían inscritas en sus corazones.

Al dividirse la Unidad Primigenia,
surgieron los nombres,
y comenzaron las jerarquías.
Pero los nombres no pueden ordenarlo todo,
preciso será que sepamos detenernos.
Saber cuándo parar de nombrar todo,
evitará muchos peligros.

Todos los seres desembocan en el Tao,
así como los ríos y arroyos se disipan
en los mares y el océano.

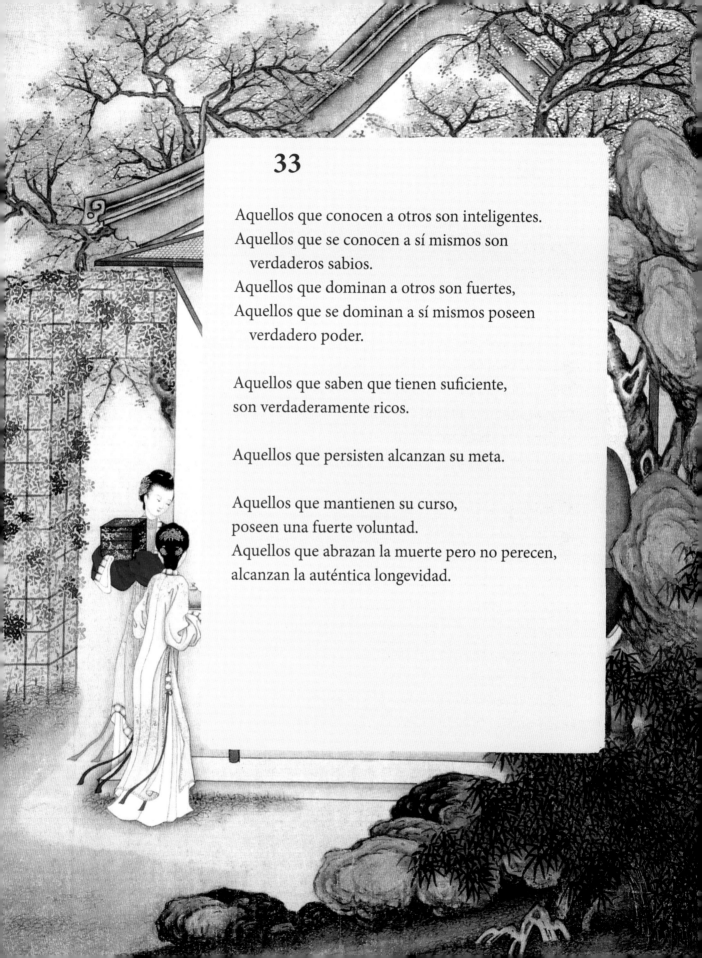

33

Aquellos que conocen a otros son inteligentes.
Aquellos que se conocen a sí mismos son
    verdaderos sabios.
Aquellos que dominan a otros son fuertes,
Aquellos que se dominan a sí mismos poseen
    verdadero poder.

Aquellos que saben que tienen suficiente,
son verdaderamente ricos.

Aquellos que persisten alcanzan su meta.

Aquellos que mantienen su curso,
poseen una fuerte voluntad.
Aquellos que abrazan la muerte pero no perecen,
alcanzan la auténtica longevidad.

34

El gran Tao fluye sin obstáculo en todas
   direcciones.
Los diez mil seres nacen a través de él,
y no rechaza ni a la más ínfima criatura.
Al cumplir con su gran obra,
no reclama ningún mérito.
Alimenta infinidad de mundos,
sin dominar al ser más pequeño.
Por ser libre de deseos,
podemos llamarlo humilde.
Todos los seres lo buscan como refugio,
y no busca controlarlos.
Ya que no busca grandeza,
es capaz de grandes logros verdaderos.

35

A aquel que sigue el Sendero del Tao
lo sigue el mundo entero, y sin temor
puede ir adonde quiera sin peligro.
Ha hallado la paz y la calma en su centro.

Donde hay manjares y dulces melodías,
los caminantes se detienen.
Pero el oír hablar del Tao,
les parece aburrido e insípido.
Si lo miran, no pueden ver nada.
Si lo escuchan, no pueden oír nada.
Y si tan sólo lo emplearan,
sería inagotable.

36

Si deseas que algo regrese a su origen,
debes permitir primero que se disemine.
Si deseas que algo se debilite,
debes permitir primero que se torne fuerte.
Si deseas que algo se elimine,
debes permitir primero que florezca.
Si deseas poseer algo,
debes soltarlo primero.

Esto es llamado el Sutil Entendimiento.

Lo blando y lo débil superan a lo rígido y fuerte.

Así como el pez no debe abandonar las
    profundidades,
el gobernante no debe mostrar sus recursos a los
    hombres.

37

El Tao eterno no actúa, y sin embargo,
no hay nada que deje de hacer.

Si los monarcas pudieran seguir su Camino,
todos los seres lo obedecerían,
todos los seres se transformarían.
Si una vez transformados experimentaran codicia,
yo los reprimiría con la ayuda
del Ser Primigenio,
y así perderían su codicia.
Perdiendo la codicia reinará la paz,
y el mundo estará en equilibrio.

38

La mayor virtud no es realizar buenas acciones,
sino permitirse a uno ser la Virtud misma.
Un hombre menor en virtud se aferra a ella,
de ahí que no posea la Virtud.

El hombre de virtud superior
practica la No-Acción,
sin desear alcanzar algún fin.
El hombre de virtud inferior
practica la No-Acción,
y pretende alcanzar algún fin.

El hombre de virtud superior hace algo,
y realiza una multitud de cosas.
El hombre de virtud inferior hace algo,
y deja mucho sin hacer.
La persona moral actúa según su deber
pero si no halla respuesta,
extiende los brazos para usar la fuerza.

Cuando el Tao es olvidado surge la Virtud.
Cuando la Virtud es olvidada aparece la moral.
Cuando la moral es olvidada, surge la ley.
La ley es el descrédito de la lealtad y la confianza,
y la raíz de una gran confusión.

El conocimiento prematuro no es más que la
    ilusión del Tao
y principio de toda necedad.
El Maestro prefiere la esencia y no la apariencia,
prefiere el fruto y no la flor.
Habita en el Tao,
y no en las ilusiones.

39

Los maestros antiguos alcanzaron el Uno:
El Cielo alcanzó el Uno y se hizo puro.
La Tierra alcanzó el Uno y halló la calma.
Los espíritus alcanzaron el Uno y se hicieron
    poderosos.
Los valles alcanzaron el Uno y se llenaron.
Los diez mil seres alcanzaron el Uno y florecieron.
Los monarcas y señores alcanzaron el Uno y se
    convirtieron en norma.
Todo ello provino del Uno.

Sin unidad se desgarraría el Cielo.
Sin unidad se hundiría la Tierra.
Sin unidad los espíritus se esfumarían.

Sin unidad el valle se secaría cual desierto.
Sin unidad los diez mil seres se extinguirían.
Sin unidad los líderes serían corruptos y caerían.

Lo inmenso ve a lo pequeño como su origen,
Lo superior tiene por fundamento a lo inferior.
La nobleza tiene su raíz en lo humilde.
El mayor elogio es no recibir ninguno.
Por ello el Maestro no busca brillar como el jade,
prefiere ser un simple guijarro.

40

El movimiento del Tao es el retorno al origen.
La cualidad del Tao es la debilidad.

Los diez mil seres provienen del Ser.
El Ser nace del No-Ser.

41

Cuando un sabio escucha hablar del Tao,
se apresura a practicarlo con celo.
Cuando un hombre mediano en saber oye del Tao,
cree la mitad, y el resto lo pone en duda.
Cuando un necio escucha hablar del Tao,
se ríe a carcajadas y se mofa de él.
Si no se mofara el necio a carcajadas,
no se trataría del verdadero Tao.

Los sabios antiguos ya decían el proverbio:
El Camino luminoso parece oscuro.
El Camino que avanza parece retroceder.
El Camino llano parece abrupto.
La Suprema Virtud semeja el fondo del valle.
La Suprema Pureza parece mancillada.
La Firme Virtud parece debilidad.
La Verdad Pura parece falsedad.
La Gran Cuadratura no tiene ningún ángulo.
La Gran Vasija tarda más en terminarse.
El Magnífico Sonido es silencioso.
La Imagen Suprema carece de forma.

El Tao se oculta en lo innombrable,
sin embargo, completa y nutre a todas las cosas.

42

El Tao engendró al Uno.
El Uno engendró al Dos.
El Dos engendró al Tres.
El Tres engendró a todos los seres.

Todo ser posee el Yin,
y a su vez alberga al Yang.
Estos son movimiento en su aliento,
y así producen armonía.

Muchos desprecian haber sido huérfanos,
pobres o viudos.
Pero los más nobles lo toman como título.
Perdiendo, mucho se gana,
ganando, mucho se pierde.

Lo que otros enseñan
yo también lo enseñaré:
"Los fuertes y violentos,
no mueren de forma natural".

43

Lo que no ofrece resistencia
Se torna la sustancia más dura.
El No-Ser penetra donde no hay cabida
ni espacio para nada más.

Pocas cosas en el mundo
pueden compararse a estas:
la enseñanza sin palabras
y el valor de la No-Acción.

44

¿Qué es más importante, tu honor o tu vida?
¿Qué es más valioso, tu riqueza o tu salud?
¿Qué es más doloroso, el éxito o el fracaso?

Un fuerte apego te desgasta inútilmente,
de una gran riqueza se obtienen grandes pérdidas.

Saber cuándo posees lo suficiente
evitará que sufras la deshonra.
Saber cuándo detenerte,
te preservará del peligro
y te dará una larga vida.

45

La gran perfección parece imperfecta,
y su eficiencia es infinita.
La gran plenitud parece vacía,
y su presencia es eterna.

La mayor rectitud pareciera torcida.
La más grande aptitud pareciera torpeza.
La mayor elocuencia pareciera balbucear.

El movimiento vence al frío,
el reposo vence al calor.
La reposada quietud es la norma del mundo.

46

Cuando el mundo sigue al Tao,
los caballos corren libres para fertilizar los campos.
Cuando el mundo no sigue al Tao,
los caballos de guerra se alimentan en los
   arrabales.

No hay mayor mal en los hombres,
que dejarse arrastrar por sus deseos.
No hay mayor desgracia que el ser insaciable.
No hay mayor error que la codicia.

Aquel que sabe contentarse con lo suficiente
tendrá siempre bastante.

47

Se puede conocer el mundo
sin salir de la propia casa.
Se puede ver el Tao del Cielo
sin mirar por la ventana.

Cuanto más lejos se va,
Menos se conoce.

El Maestro comprende sin necesidad de viajes,
ve claramente sin tener que mirar,
Logra mucho sin actuar.

48

Aquel que busca el conocimiento
sabe más cada día.
Aquel que busca al Tao
sabe menos cada día.
Al menguar cada día el Maestro
alcanza la No-Acción.
Al llegar a la No-Acción,
nada permanece inconcluso.

La verdadera maestría se alcanza
permitiendo que todo siga su curso.
No se puede regir al mundo interfiriéndolo.

49

El Maestro no tiene mente propia,
comprende la mente de la gente.

Es bondadoso con los que obran con bien,
es bondadoso con los que no obran con bien.
Pues la Virtud es bondadosa.

Confía en la gente que es confiable,
confía en la gente que no lo es.
Pues la Virtud es confiada.
El Maestro vive en la No-Acción.

En beneficio de los otros
mantiene su mente imprecisa y abierta.
Los otros lo miran y observan,
y él los trata como si fuesen sus hijos.

50

De aquellos que salen del vientre,
y de los que entran de nuevo a la fuente
cuando mueren,
tres de cada diez son longevos,
tres de cada diez van de la vida a la muerte,
y tres de cada diez eligen la muerte.
¿Qué ocasiona todo esto?
Su excesivo apego por la vida.

He oído que dicen
que quien vivir sabe
no encuentra fieras ni depredadores
al viajar por tierra,
y en el campo de batalla
sobrevive sin casco ni escudo.
Las fieras no hallan dónde atacarlo,
las armas no hallan dónde atravesarlo.
¿Y cómo ocurre todo esto?
Porque no hay lugar en él para la muerte.

51

A través del Tao nacen los diez mil seres.
La Virtud del Tao los nutre,
y su familia les proporciona la forma.
Luego su entorno los complementa.
Por ello todos los seres honran al Tao,
por ello honran su gran Virtud.

No es preciso que nadie lo ordene,
todos los seres honran al Tao por sí solos.
Nacen a través del Tao,
su Virtud los cuida,
los cultiva,
los nutre,
les brinda paz y refugio,
les ayuda a crecer y los resguarda.

Les da la vida sin querer poseerlos,
y cuida de ellos sin esperar retribución.
Es su Señor, mas no busca dominarlos.
Esta es llamada la Misteriosa Virtud.

52

El comienzo del mundo,
es llamado la Gran Madre.
Al encontrar a la Madre,
podemos saber cómo serán sus hijos.

Al comprender que somos hijos de la Gran Madre,
comenzamos a mantener sus cualidades en
    nosotros.
Nos resguarda de todo peligro,
incluso después de la muerte.

Mantente en silencio,
lleva una vida sencilla,
y vivirás en paz hasta el fin de tus días.
Si intentas llenarte de juicios,
y de deseos de una mejor vida,
hallarás turbio tu corazón.

Comprender lo sutil es llamado Claridad.
Saber cómo ceder es llamado Fuerza.
Utilizar tu propia luz,
sin temer al peligro,
es seguir a lo Eterno.

53

Si poseyera el grano más diminuto de sabiduría,
desearía que fuera para seguir al Tao.
Mi único temor sería desviarme de Él.
El Tao es un sendero llano,
pero los hombres prefieren los caminos tortuosos.

Si se emplea mucho tiempo en limpiar las
    viviendas,
el país será desatendido y se llenará de maleza,
los graneros pronto serán saqueados,
pues no habrá nadie trabajando los campos.
Llevar vestidos lujosos, y preciosas joyas,
hartarse de comida y bebida,
es el crimen del exceso.
¡Este camino es tan lejano al Tao!

54

El que está bien plantado en el Tao,
jamás será desenraizado.
El que está bien ceñido,
no podrá soltarse.
Su nombre se preservará,
se le honrará durante generaciones.

Si se cultiva esta idea en un hombre,
su virtud se tornará genuina.
Si se cultiva esta idea en la familia,
su virtud será grande.
Si se cultiva esta idea en la comunidad,
su virtud irá muy lejos.
Si se cultiva esta idea en el país,
su virtud será abundante.
Si se cultiva esta idea en el mundo,
la virtud llenará a todos los hombres.

Por ello considera a los otros desde tu propia
    persona,
considera a otras familias desde tu propia familia,
considera a otras comunidades desde la tuya propia,
considera a otros países desde tu propio país,
considera a otros mundos desde el tuyo propio.
¿Cómo puedo saber que esto es verdad?
Miro en mi interior y lo veo.

55

Aquel que está en armonía con el Tao,
es como un recién nacido.
El niño es protegido de insectos, bestias
y aves de rapiña.
Sus huesos son blandos,
sus músculos débiles,
pero su mano sujeta con fuerza.
No sabe acerca de la unión de macho y hembra,
pero su pene se mantiene erguido,
gracias a la fuerza vital que hay en él.
Puede gritar todo el día sin enronquecer su voz,
pues encarna la perfecta armonía.

Comprender la armonía es comprender lo Eterno.
Conocer lo Eterno es llamado Visión.
Procurar extender la vida no es apropiado.
Alterar la respiración a voluntad es violentarla.
Cuando las cosas alcanzan su fuerza, comienzan a
  declinar.
Cambiar el orden natural es no seguir al Tao.
Aquellos que no lo siguen hallarán muy pronto el
  final.

56

Aquel que sabe no habla,
aquel que habla no sabe.

Abstente de palabras,
medita en silencio,
despunta los filos,
deshaz los nudos,
armoniza la luz
y únete al polvo.
Esto es la Oscura Identidad

Aquellos que la han alcanzado,
no pueden ser próximos ni extraños.
No pueden ser beneficiados ni heridos.
No pueden alcanzar nobleza ni desgracia.
Por ello son los más nobles del mundo.

57

Se gobierna al país con normas permanentes,
se hace la guerra con movimientos cambiantes,
pero se conquista al mundo dejándolo ser.
¿Cómo sé que esto es así?

Entre más prohibiciones existan,
más pobre será el pueblo.
Entre más armas existan,
mayor será la confusión en el país.
Entre más conocimiento se acumule,
más extraño se tornará el mundo.
Entre más leyes se instauren,
mayor será el número de criminales.

Por ello el Maestro dice:
No hago nada,
y los hombres se vuelven bondadosos por sí solos.
Busco la paz,
y los hombres atienden sus propios problemas.
No intervengo en sus vidas,
y los hombres prosperan.
Libero todos mis deseos.
y los hombres vuelven a la Simplicidad Primigenia.

58

Si un gobierno es tolerante y discreto,
el pueblo se siente cómodo y pleno.
Si un gobierno es represivo,
el pueblo se torna inconforme y astuto.

La buena fortuna se apoya en la desgracia,
la desgracia se oculta en la buena fortuna.
¿Quién puede conocer el final de este ciclo?
Lo bueno se torna maligno,
y lo malo se torna bueno.
Esto siempre ha sido difícil de comprender.

Así el Maestro es recto sin herir a nadie,
señala sin imponerse.
Es luz brillante que no deslumbra.

59

No hay nada como ahorrar la Energía Vital
cuando se gobierna al pueblo y se sirve al Cielo.
Ahorrar la Energía Vital y vivir con moderación,
es acumular la Virtud,
es seguir al Tao.

Si acumulas Virtud abundante,
no habrá nada que no puedas lograr,
no habrá nada que no superes,
no habrá nadie que conozca tus límites.
Poseyendo fuerza sin límites,
podrás poseer todo el reino.
Al poseer a la Madre del Reino,
podrás conservar largo tiempo tu dominio.

Esta es la Raíz Profunda,
el Firme Tronco,
el camino a una larga vida
y a la Visión duradera.

60

Gobernar un gran país,
es como freír el pescado.
Atizar mucho el fuego lo estropea.

Cuando el Tao se utilice para gobernar el mundo,
el mal perderá su poder para herir a la gente.
No significa que el mal no existirá,
tan sólo no podrá dañar a la gente.
El Maestro evita el uso de la violencia.

Si unos y otros no se dañan mutuamente,
su virtud retorna y se hace una.

61

Un verdadero gran país es hembra del mundo,
y semeja las tierras bajas y suaves por las que pasa
    el arroyo.
En la unión de los seres,
la hembra vence con su quietud al macho,
por encontrarse debajo de él.
Su quietud le permite su posición inferior.

Si un gran país puede asumir, frente a otro
    pequeño,
la posición inferior, podrá incorporarlo,
y no lo destruirá.
Si un país pequeño asume la posición inferior
frente a uno mayor, será conquistado,
y sobrevivirá.
El primero gana rebajándose,
el segundo, siendo humilde.

El gran país debería incorporar y alimentar al otro,
y el más pequeño desearía servir al que lo protege.
Con la humildad ambos países se verían
    beneficiados.

62

El Tao es el tabernáculo de todas las cosas,
es un tesoro para aquellos que obran con bien,
y un refugio para aquellos que no lo hacen.

¿Cómo podrían ser abandonados los que no obran
    con bien?
Las hermosas razones valen la confianza de la
    gente,
pero las buenas acciones enseñarán siendo el
    ejemplo.

Cuando se nombre a un gobernante,
no se le ofrezcan regalos ni ofrendas.
No serán tan valiosos como ofrecerle el Tao.

¿Por qué era el Tao tan estimado por los antiguos
    sabios?
¿Acaso no se dice que con él se encuentra sin
    buscar
y se perdonan todas las faltas?
Por ello el mundo no puede comprenderlo.

63

Actúa sin actuar,
haz sin hacer.
Disfruta lo sencillo y simple.
Encuentra la grandeza en lo más pequeño.
Aborda problemas difíciles,
cuando aún sean sencillos.
Realiza obras sencillas antes de tornarse difíciles.

Una gran labor se comienza mejor mientras es
  pequeña.
El Maestro jamás lleva a cabo tareas grandes,
por ello es capaz de realizar grandes obras.

Cuando una afirmación se da a la ligera,
espera los problemas que se avecinan.
Cuando una cosa parece muy sencilla,
la dificultad se esconde tras los detalles.
Por ello el Maestro considera difícil cada cosa.

64

Las cosas se controlan mejor cuando están en
    reposo.
Lo planeado con antelación es menos difícil.
Las cosas se rompen más fácilmente cuando aún
    son frágiles.
Lo que aún es pequeño mejor puede esconderse.

Resuelve los problemas antes de que surjan,
y construye el orden antes de la crisis.
El árbol más alto,
comienza como un tallo diminuto.
El edificio más alto,
comienza con una paletada de tierra.
Un viaje de mil leguas,
comienza con un solo paso.

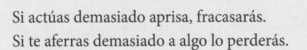

Si actúas demasiado aprisa, fracasarás.
Si te aferras demasiado a algo lo perderás.

Por ello el Maestro deja que todo siga su curso,
y así jamás fracasa.
Nunca se aferra,
por ello nada pierde.

Siempre que los hombres
están cerca de culminar una obra, fracasan.

Si eres tan prudente al final como al principio,
no habrá lugar para el fracaso.
El Maestro no desea nada.
Sabe cada día menos.
Por ello es capaz de comprender todo.
Ayuda a todas las criaturas sin conducirlas.

65

Los antiguos maestros,
que comprendían el Tao,
no educaban a la gente,
pero la hacían permanecer simple.

La gente inteligente es difícil de instruir,
puesto que piensan que son muy perspicaces.
Usar la perspicacia e inteligencia para gobernar un
    país,
es llevar el país a la ruina.
Evitar la perspicacia en el gobierno de un país,
es llevarlo a la prosperidad.

Conocer las dos opciones es una norma.
Mantenerse consciente de ambas se conoce como
    la Misteriosa Virtud.
Esta oscura Virtud es profunda.
Acompaña a las cosas en su retorno al Tao,
hasta que alcanzan la Gran Armonía.

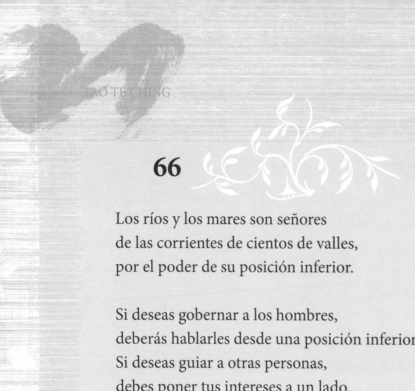

66

Los ríos y los mares son señores
de las corrientes de cientos de valles,
por el poder de su posición inferior.

Si deseas gobernar a los hombres,
deberás hablarles desde una posición inferior.
Si deseas guiar a otras personas,
debes poner tus intereses a un lado.

El pueblo no sentirá ninguna carga,
mientras tenga el poder un sabio.
El pueblo no se verá manipulado,
mientras gobierne un maestro.
Todo el mundo podría pedir su consejo y guía,
y jamás cansarse de él.
Ya que no alimenta ninguna competencia,
nadie puede competir con su gran logro.

67

El mundo habla de honrar al Tao,
pero no se percibe en sus acciones.
Es grande porque a nada se asemeja,
de otra forma ya sería pequeño.

Hay tres joyas que poseo:
Compasión, moderación y humildad.
Con compasión, se es capaz de ser valiente.
Con moderación, se es capaz de dar a los otros.
Con humildad, se es capaz de gobernar al pueblo.
Abandonar la compasión pretendiendo ser
    valiente,
o abandonar la moderación buscando ser dadivoso,
o abandonar la humildad buscando guiar a la
    gente,
sólo conducen a grandes problemas.
El guerrero compasivo será el vencedor,
y si la compasión es tu defensa estarás a salvo.

La compasión es la protectora de la Salvación del
    Cielo.

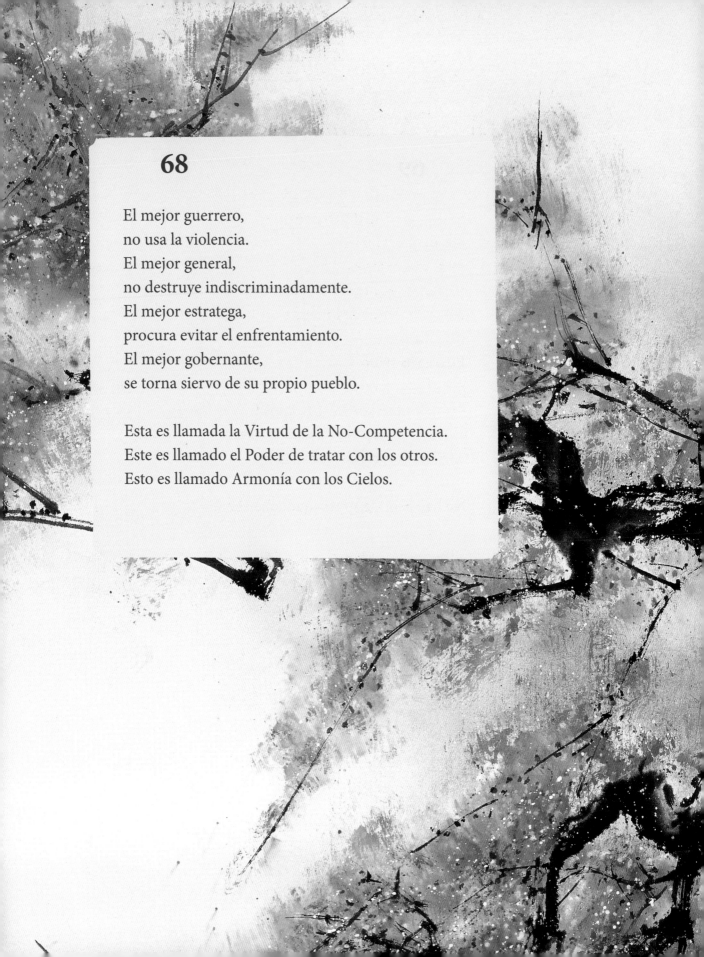

68

El mejor guerrero,
no usa la violencia.
El mejor general,
no destruye indiscriminadamente.
El mejor estratega,
procura evitar el enfrentamiento.
El mejor gobernante,
se torna siervo de su propio pueblo.

Esta es llamada la Virtud de la No-Competencia.
Este es llamado el Poder de tratar con los otros.
Esto es llamado Armonía con los Cielos.

69

Existe un viejo dicho que dice:
"Es mejor ser pasivo,
para ver lo que sucede.
Es mejor retroceder un paso,
que avanzar un centímetro."

Esto es llamado
avanzar sin avanzar,
estirar los brazos sin estirarlos,
enfrentar al enemigo sin enfrentarlo,
empuñar el arma sin empuñarla.

No hay peor desgracia que subestimar a tu
    enemigo.
Subestimarlo es perder tu más grande ventaja.
Cuando dos fuerzas iguales entran en batalla,
la victoria será
para el que compasivo, lo lamenta.

70

Es sencillo comprender mis palabras,
y más aún ponerlas en práctica.
Sin embargo, nadie en este mundo
parece comprenderlas,
menos aún llevarlas a la práctica.

Mi enseñanza proviene de los antiguos,
mi práctica se realiza por una razón.

Pocos son los que me conocen,
y menos son los que me siguen.
Por ello el sabio vestido de harapos,
lleva un jade en el pecho.

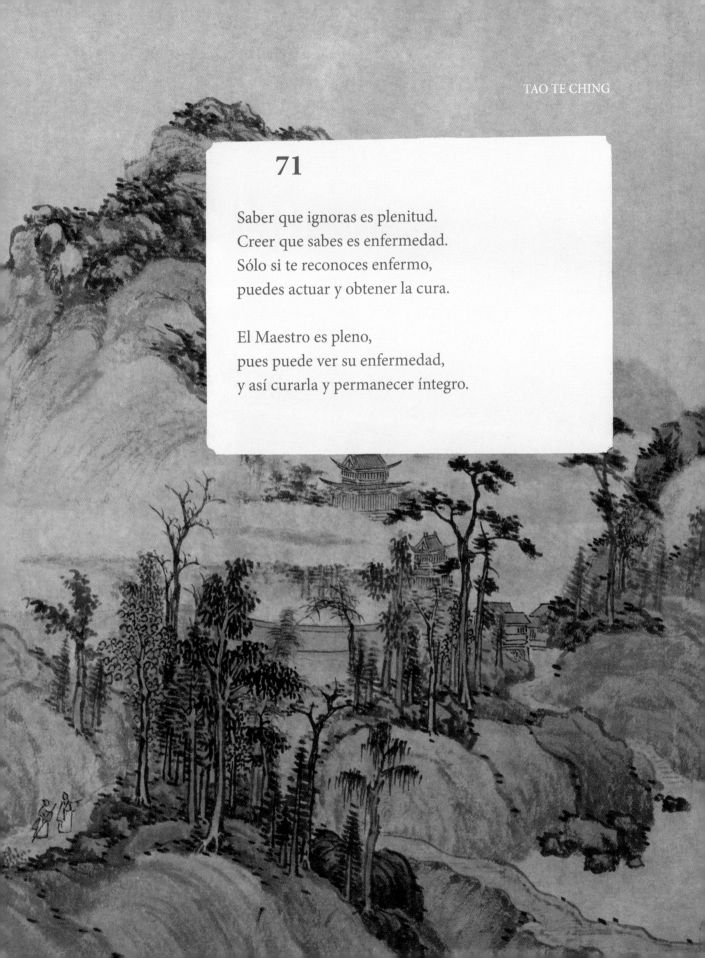

71

Saber que ignoras es plenitud.
Creer que sabes es enfermedad.
Sólo si te reconoces enfermo,
puedes actuar y obtener la cura.

El Maestro es pleno,
pues puede ver su enfermedad,
y así curarla y permanecer íntegro.

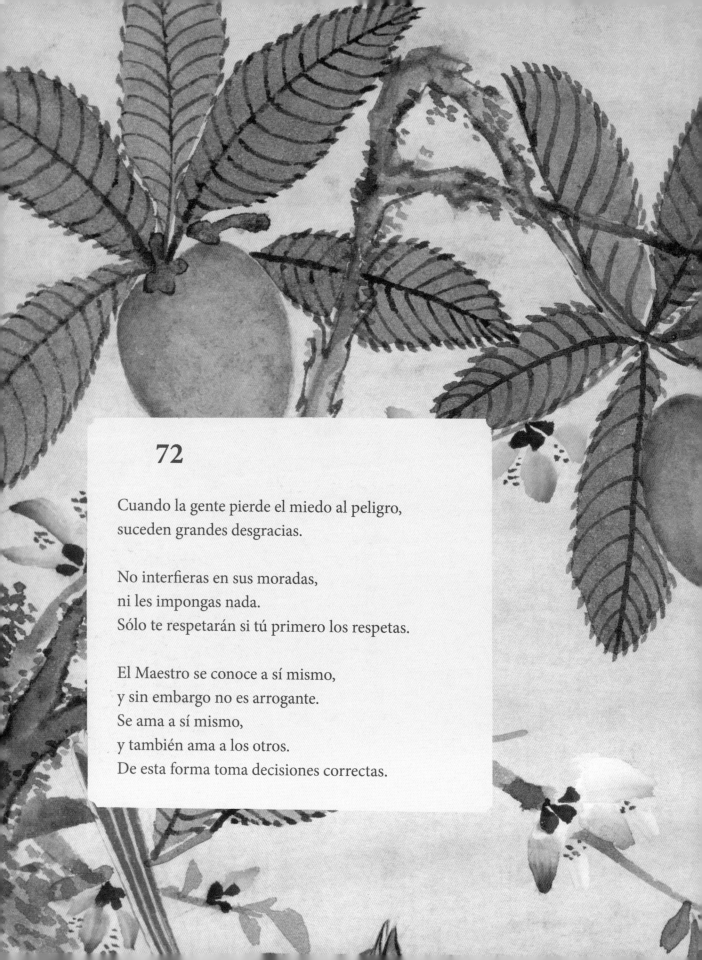

72

Cuando la gente pierde el miedo al peligro,
suceden grandes desgracias.

No interfieras en sus moradas,
ni les impongas nada.
Sólo te respetarán si tú primero los respetas.

El Maestro se conoce a sí mismo,
y sin embargo no es arrogante.
Se ama a sí mismo,
y también ama a los otros.
De esta forma toma decisiones correctas.

73

Ser valiente y temerario conduce a la muerte.
Ser valiente, mas no temerario, conserva la vida.

De las dos formas de valor, una es dañina,
la otra benéfica.

El Tao del Cielo vence sin luchar
responde sin hablar,
es obedecido sin mandar,
dirige sin actuar.

Las redes del Cielo son amplias,
nada se escapa de ellas.

74

Si el pueblo no teme a la muerte,
¿por qué intimidarlo con ella?
Si por infringir la ley,
se pretende castigar con ejecuciones
¿los hombres dejarán de infringirla?

La Ley Natural es el Gran Verdugo.
Quien controla la vida de los otros,
es como el que usurpa el puesto
del maestro leñador.
No puede cortar madera sin lastimarse seriamente.

75

Cuando el pueblo está hambriento,
se debe a los muchos tributos.
Cuando el pueblo es difícil de gobernar,
se debe a la intromisión excesiva del gobierno.

Cuando el pueblo se toma la muerte a la ligera,
es porque los de arriba llevan una vida lujosa,
y los demás no tienen de qué vivir.

Sólo aquellos que no se aferran a la vida,
pueden conservarla.

76

Lo vivo es blando y flexible.
Lo muerto es rígido y duro.
Las plantas en vida son suaves y tiernas,
y muertas son secas y rígidas.

Lo rígido y duro son atributos de la muerte.
Lo adaptable y lo blando son atributos de la vida.

Lo inflexible y rígido se quebrará fácilmente.
Lo suave y flexible perdurará.

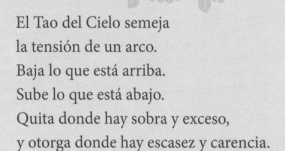

77

El Tao del Cielo semeja
la tensión de un arco.
Baja lo que está arriba.
Sube lo que está abajo.
Quita donde hay sobra y exceso,
y otorga donde hay escasez y carencia.

El Tao quita al que tiene de sobra,
y da al que no tiene suficiente.
El camino de los hombres es opuesto,
pues éstos quitan al que tiene muy poco,
y dan al que tiene en exceso.

¿Quién es capaz de otorgar lo que le sobra al
    mundo?
Sólo aquel que sigue el Camino del Tao.

Por ello el Maestro da sin esperar nada.
No conserva nada de sus logros,
ni busca reconocimiento alguno.

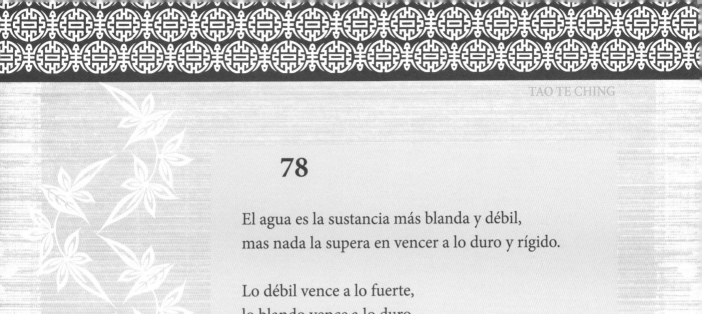

78

El agua es la sustancia más blanda y débil,
mas nada la supera en vencer a lo duro y rígido.

Lo débil vence a lo fuerte,
lo blando vence a lo duro,
es algo que todo hombre sabe,
pero que nadie practica.

El Maestro predica:
Sólo el más bajo sirviente del Imperio,
es digno de gobernarlo,
ya que es capaz de emprender
desagradables trabajos.

Las palabras verdaderas
parecen significar lo contrario.

79

Al resolver una discordia,
siempre sobran injusticias.

Por ello el Maestro,
cumple con su parte convenida,
aun siendo la peor del acuerdo.
El hombre de Virtud hará lo que es correcto.
El hombre sin virtud alguna impondrá cargas
    sobre los otros,
y tratará de tomarles ventaja.

El Tao es imparcial y no toma partido.
El hombre de bien recibe del Tao
porque se encuentra ya en su Camino.

80

Los países pequeños son mejores.
Dales todas las cosas que deseen,
y pronto verán que no las necesitan.
Enséñales que la muerte es algo serio,
y a estar contentos con no abandonar sus hogares.
Incluso si poseen multitud de caballos, vagones y
    barcos,
no sentirán que les sean necesarios.
Incluso si poseen armas y escudos,
los mantendrán lejos de su vista.
Permite a la gente disfrutar de los inventos
    sencillos,
permite que gocen del alimento,
permite que tejan sus propias ropas,
permite que estén satisfechos con su vivienda,
y que se deleiten con sus costumbres.
Aun si hay otro país tan cerca,
como para oír sus gallos cantar
y sus perros ladrar,
se sentirán contentos de jamás visitarse uno al
    otro,
durante toda su vida.